Heute seinen Weg gehen

Heute seinen Weg gehen

Herausgegeben von

Fabian Bergmann

Illustrationen von Bengt Fosshag

HERDER

FREIBURG · BASEL · WIEN

2. Auflage

www.herder.de
Satz: Layoutsatz Kendlinger
Herstellung: Freiburger Graphische Betriebe 2002
www.fgb.de
ISBN 3-451-27649-6

Es gibt nicht einen Weg für alle, aber für alle einen Weg. Daher sollte jeder so neugierig und zuversichtlich sein, seinem ureigenen Weg auf einen Punkt hin zu folgen, der Perspektive und Orientierung sein kann. Doch in erster Linie geht es nicht darum, an einem Ziel anzukommen, viel wichtiger ist es, unterwegs zu sein, um all dem zu begegnen, das es zu entdecken gibt. In blinder Hast gelingt das nicht – durch Bummeln, Schauen, vielleicht sogar Ändern der Richtung schon. Umwege oder Neuorientierung bedeuten noch lange kein Scheitern: Jeder muß seinen Weg erfahren, und das schließt ein, über Steine zu stolpern, in Sackgassen

zu steuern, in die Irre zu gehen. Erinnern wir uns aber stets daran, daß – frei nach Nietzsche – unser Genie in unseren Füßen liegt und sich das Dasein erst auf der Strecke wirklich entfaltet.
Um aufzubrechen, bedarf es nur einer Kleinigkeit: des ersten Schritts.
Wer zögert, baut damit selbst schon das größte Hindernis vor sich auf. Gehen wir mutig und offen, im Vertrauen auf unsere Fähigkeiten, unsere Kraft und Ausdauer los, werden Glück und Lebensfreude treue Gefährten auf all unseren Wegen sein.

Fabian Bergmann

Januar

Januar

1

Von einem Ort aufbrechen, auf dem Weg zu einem anderen sein – das ist die Geschichte eines jeden von uns.

Henry David Thoreau

2

Es gibt auf der Welt einen einzigen Weg, welchen niemand gehen kann, außer dir: Wohin er führt, frag nicht. Geh ihn!

Friedrich Nietzsche

3 *Den Weg erkennen! Durch Forschen den Weg erkennen, durch Handeln ihm eine Gestalt verleihen: Darauf kommt es an.*

Hsün Tzu

Blicke nach vorn, und wenn du die Straße entdeckst, betrachte sie nicht länger – geh! 4

Ayn Rand

5

Genügt es, gut zu sehen, um gut zu gehen? Muß man nicht auch Füße haben und Willen und Kraft, sie zu regen?

Vauvenargues

6

Der Weg kommt dir lang vor, weil du zauderst, deinen Fuß darauf zu setzen. Doch ein Schritt brächte dich schon nach vorn.

Abu Yazid Bistami

7

Du bist in jedem Augenblick der Wanderer, der über seinen eigenen Weg zu entscheiden hat.

Hermann Stehr

8

Es ist falsch, daß im Leben die Umstände entscheiden. Im Gegenteil: Die Umstände sind der immer neue Scheideweg, an dem unser Charakter entscheidet.

José Ortega y Gasset

9

Es spielt keine Rolle,
wie schmal der Weg ist;
ich bin der Meister meines Schicksals,
ich bin der Kapitän meiner Seele.

William Henley

10

Überließest du die Segel dem
Wind, würdest du steuern,
nicht wohin dein Wille verlangt,
sondern dorthin, wohin das
Wehen dich triebe.

Boethius

11

Sei dir deiner Kräfte, Bedürfnisse und Möglichkeiten bewußt, dann wirst du auf jedem Weg, den du beschreitest, einen Gefährten haben.

Tibetanische Lebensweisung

12

Sobald wir auf dem rechten Weg sind, werden wir feststellen, wieviel davon Tag für Tag zu bewältigen ist und wieviel wir dem nähergekommen sind, auf das uns ein natürliches Bestreben zutreibt.

Seneca

13 *Viele sind hartnäckig in bezug auf den einmal eingeschlagenen Weg, wenige in bezug auf das Ziel.*

Friedrich Nietzsche

14 *In den modernen Großstädten rennen die Menschen hinter sich selbst her und erreichen sich selten.*

Gerhart Hauptmann

Januar

15

Die Geschwindigkeit ruft die Leere hervor, die Leere treibt zur Eile.

Paul Virilio

16

Hast du es eilig, gehe langsam.
Hast du es besonders eilig,
mache einen Umweg.

Japanische Weisheit

17

*Es ist immer möglich,
über einen Umweg
ein Ziel zu erreichen.*

Theodor Reik

18

*Es zählt nur, daß einer unterwegs
ist. Dann kommt er auch an.*

Pedro Alvares Cabral

19

Die angeblich „kürzeren Wege“ haben die Menschheit immer in große Gefahr gebracht.

Friedrich Nietzsche

Der Kurs des besten Schiffes ist eine Zickzacklinie von zahlreichen Kursänderungen.

Ralph Waldo Emerson

20

21

Es gibt für uns keinen andern Weg der Entfaltung und Erfüllung als den der möglichst vollkommenen Darstellung des eigenen Wesens nach dem Gebot: „Sei Du Selbst."

Hermann Hesse

22

Alles in der Welt geht in der Wellenlinie. Jede Landstraße und so weiter. Wehe dem, der überall das Lineal anlegt.

Wilhelm Raabe

23

Es entspricht nicht der Natur des Menschen, stets in eine Richtung zu gehen; sie hat ihr Kommen und Gehen.

Blaise Pascal

24

Oft muß man im Leben, wie beim Tango, auch mal zwei Schritte zurück machen, um danach einen voran zu tun.

Daniel Gœudevert

25

Die Linien des Lebens sind verschieden. Wie Wege sind und wie der Berge Grenzen.

Friedrich Hölderlin

26

Vor nichts sollten wir uns mehr hüten, als wie den Schafen der Herde zu folgen, die vor uns dahinzieht, und nicht den Weg einzuschlagen, den man gehen sollte, sondern den, der begangen wird.

Seneca

27

Hält einer nicht mit den übrigen Schritt, kann es sein, daß er einen anderen Trommler hört. Dann laß ihn zu der Musik gehen, die er hört, ganz gleich, wie langsam oder fern sie auch sein mag.

Henry David Thoreau

28

Folge dem natürlichen Weg der Mitte, dann wirst du dein Selbst bewahren und dein Dasein erhalten.

Dschuang Dsi

29

Wir kennen die Zukunft nicht, aber wir kennen, was viel mehr ist als sie: das Ziel.

Reinhold Schneider

30

Wann immer einer die Wege zum Ziel bejaht, bejaht er zugleich das Ziel.

Thomas von Aquin

31

Wohin denn gehen wir –
immer nach Hause.

Novalis

Februar

1 *Das richtige Lachen ist der Beginn des richtigen Denkens und Empfindens.*

Carl Zuckmayer

Lachen und Lächeln sind Tor und Pforte, durch die viel Gutes in den Menschen hineinhuschen kann. 2

Christian Morgenstern

3

Wenn du jemandem begegnest,
der kein Lächeln besitzt,
schenk ihm eins von deinen.

Jörg Rothe

Das Lächeln, das du schenkst,
kommt zu dir zurück.

Indische Weisheit

4

5 *Nichts in der Welt ist so ansteckend wie Lachen und gute Laune.*

Charles Dickens

Heiterkeit ist immer das Anzeichen der Freiheit.

Friedrich Georg Jünger 6

7

Heiterkeit ist des Herzens ursprüngliches Wesen.

Wang Yang-ming

8

Seinem innersten Wesen nach ist der Mensch ein Geschöpf, das nicht nur arbeitet und denkt, sondern auch singt, tanzt und feiert.

Harvey Cox

9

Erhebt eure Herzen,
ihr guten Tänzer, hoch! höher!
Und vergeßt mir auch
das gute Lachen nicht!

Friedrich Nietzsche

10

Ab und zu sollte ein jeder
über die Stränge schlagen
und seine kühle Nüchternheit
für eine Weile vergessen.

Seneca

11

Spielen ist notwendig, damit man das Leben eines Menschen führt.

Thomas von Aquin

Der Spaß ist unerschöpflich, nicht der Ernst.

Jean Paul

12

13

Der Spaß muß das Tun bestimmen.

Reinhold Messner

14

Lustige Leute begehen
mehr Torheiten als traurige;
aber traurige begehen größere.

Ewald Christian von Kleist

15 *Wer ohne jede Narrheit lebt,*
ist nicht so weise, wie er glaubt.

François de La Rochefoucauld

Die höchste Norm
des Glücks ist ein Leben
mit einem gewissen
Grad an Verrücktheit. 16

Erasmus von Rotterdam

17

Ja man kann sagen,
fast überall, wo es Glück gibt,
gibt es Freude am Unsinn.

Friedrich Nietzsche

18

Die Unvernunft ist
das treibende Element,
das wirklich voranbringt.

Christoph Schlingensief

19

*Was wir brauchen,
sind ein paar Verrückte.
Seht, wo uns die Vernünftigen
hingebracht haben.*

George Bernard Shaw

20

*Nimm dir jeden Tag Zeit,
etwas Verrücktes zu tun.*

Philippa Walker

21

Die Narrenkappe ist der ideale Schutzhelm für den täglichen Kleinkrieg.

Werner Mitsch

Jeder Mensch ist ein Clown, aber nur wenige haben den Mut, es zu zeigen.

Charlie Rivel

22

23 *Doch das Leben derer ist weder angenehm noch sorgenfrei, die stets mit einer Maske leben.*

Seneca

Wer immer in Zerstreuung lebt, wird fremd im eigenen Herzen.

Adolph Freiherr von Knigge 24

25

Wer Einhalt zu tun weiß,
kommt nicht in Gefahr
und kann so ewig dauern.

Laotse

Manches Vergnügen besteht
darin, daß man mit Vergnügen
darauf verzichtet.

Peter Rosegger

26

27

Greifen wir, wie Kinder auf dem Jahrmarkt, nach allem, was im Vorübergehen reizt, ist dies das verkehrte Bestreben, die Linie unseres Wegs in eine Fläche zu verwandeln: Wir irrlichtern hin und her und gelangen zu nichts.

Arthur Schopenhauer

Du mußt so sachte gehen,
daß du die feinsten Laute hörst.

Henry David Thoreau

28

29

Das Glück ist manchmal auch ein Augenblick der Stille.

Roland Leonhardt

März

1 *Wir leben nur einen Bruchteil unseres Lebens. Warum lassen wir die Flut nicht herein, öffnen die Schleusen und setzen alle unsere Räder in Bewegung?*

Henry David Thoreau

Die Bewegung ist die Ursache jedes Lebens. 2

Leonardo da Vinci

3

Die Natur hat uns frei und beweglich in die Welt gesetzt; wir sperren uns selbst in bestimmten Beschränkungen ein.

Michel de Montaigne

4

Wer sich bewegt, sammelt ein; wer still steht, vertrocknet.

Francesco Petrarca

5 *Jede unserer Lebensbewegungen ist fruchtbar, gleichgültig, ob die Frucht uns oder anderen in den Schoß fällt.*

Johannes Müller

Lebendig sein heißt: sich selbst zum Tätigsein bewegen. 6

Thomas von Aquin

7

Jeder einzelne muß so handeln, als ob die ganze Zukunft von ihm abhinge.

Joseph Weizenbaum

8

Wer auf das Handeln verzichtet, fällt. Bei allem Tun muß man das angestrebte Ziel kennen, die Wege dorthin und die eigene Kraft.

Mahatma Gandhi

9 *Wer vom Ziel nichts weiß,*
kann den Weg nicht haben.
Christian Morgenstern

Den Willen auf den Weg richten,
das ist nur, sein Herz bewahren
für die naturgegebenen Ordnungen, 10
in denen wir handeln müssen.
Chu Hsi

11

Es ist wichtiger, auf einem Pfad gemeinsamer Unsicherheit ethisch zu handeln, als endlose dogmatische Kämpfe um vermeintlich endgültige Wahrheiten zu führen.

Richard von Weizsäcker

12

Man sollte sich nie auf Gezänk und Gerangel einlassen, sondern die Füße in die Hand nehmen – und fort!

Seneca

13

Die Lebensqualität steigt, wo die Beine etwas mehr und die Ellenbogen etwas weniger gebraucht werden.

Erhard Eppler

Schlage den Pfad der Sanftheit ein.

George Herbert

14

15

Wir sollen nicht haben,
sondern sein,
nicht uns etwas erwerben,
sondern etwas werden.

Johannes Müller

16

Ich liebe den Zustand
des Werdens, bei dem
das Ziel vor mir liegt
und nicht hinter mir.

George Bernard Shaw

17 *Man muß sich einfach Ziele setzen, dann kann man sich komplizierte Umwege erlauben.*

Charles de Gaulle

18 *Einige der lohnendsten Ziele im Leben erreichen wir durch Umwege.*

Paul Wilson

19

*Wer Erfahrungen machen will,
muß Umwege gehen.*

Andrzej Szczypiorski

20

*Kluge Menschen wählen
selbst die Erfahrungen,
die sie machen möchten.*

Aldous Huxley

21

Aber bei keiner Erfahrung darf man ein Leben lang verweilen.

Prentice Mulford

❧

22

Seine eigene Erfahrung zu bedauern, heißt, seine eigene Entwicklung aufzuhalten.

Oscar Wilde

23

Der Weg, den du einschlägst, hängt in erster Linie davon ab, wohin du gehen willst.

Lewis Carroll

24

Fortschritt allein ist noch keine Leistung. Es kommt auf die Richtung an.

Jean Giono

25

Geh mit der Zeit, aber komme von Zeit zu Zeit zurück.

Stanislaw Jerzy Lec

Ohne Umkehr ist das Leben des Menschen verloren.

Karl Jaspers

26

27

Auf dem Weg in die Irre
ist Rückschritt Fortschritt.

Josef Viktor Stummer

Die Kehrseite des Fortschritts:
Noch nie haben wir uns so oft
verirrt und verrannt.

Ernst Ferstl

28

29

Es ist eine alte und paradoxe Angewohnheit des Menschen, schneller zu laufen, wenn er vom Weg abgekommen ist.

Rollo May

Es würde alles besser gehen, wenn man mehr ginge.

Johann Gottfried Seume

30

31

Ich weiß genau, daß ich immer durchs Leben gehetzt bin, dabei zuviel Ungeduld und Rastlosigkeit im Gepäck hatte, zu viele Chancen verpaßt, zu viele wertvolle Menschen im aufgewirbelten Staub übersehen habe.

Charles Kuralt

April

1

Alles beginnt heute.

Drupka Rinpoche

Nicht wer in der Zeit,
sondern in der Gegenwart lebt,
ist glücklich.

Ludwig Wittgenstein

2

3 *Die Stunde ist kostbar.
Warte nicht auf eine spätere,
gelegenere Zeit.*

Katharina von Siena

*Jetzt sind die guten alten Zeiten,
nach denen wir uns in zehn Jahren
zurücksehnen werden.* 4

Peter Ustinov

5 *Es gehört zu den alltäglichen Täuschungen, die Stunden der Vergangenheit und Zukunft reizender zu finden als die Gegenwart.*

Heinrich Zschokke

Die Herrschaft über den Augenblick ist die Herrschaft über das Leben. 6

Marie von Ebner-Eschenbach

7

Jeder angenehme Augenblick hat Wert für mich – Glückseligkeit besteht nur in Augenblicken. Ich wurde glücklich, da ich das lernte.

Caroline Schlegel

Das Leben bedeutet eine fast lückenlose Reihe persönlicher Entdeckungen.

Gerhart Hauptmann

8

9

Täglich mit frischen Augen die Dinge betrachten lernen, täglich die Pläne, Ansichten und Ziele von gestern überflügeln.

Prentice Mulford

10

Man muß versuchen, den nächsten Tag immer besser zu machen als den vorausgehenden, solange wir auf dem Weg sind.

Epikur

11

Unter günstigen Voraussetzungen sind wir ins Leben getreten, sofern wir diese nicht ungenutzt lassen.

Seneca

Wer Kraft und Mut
und Licht mehren will,
gehe hinaus in die Elemente.

Johann Gottfried Seume

12

13 *Der Frühling ist eine echte Auferstehung, ein Stück Unsterblichkeit.*

Henry David Thoreau

14 *Es ist Frühling, wenn du pfeifen möchtest, auch wenn ein Schuh voller Matsch ist.*

Doug Larson

15

Ich glaube fest daran,
daß die Natur in jeglichem
Kummer tröstet.

Anne Frank

16

Es ist so beruhigend und gut,
in der Erde zu arbeiten,
Bäume zu beschneiden,
zu graben, Gras zu mähen.

Sylvia Plath

17 *Blumen anzuschauen, hat etwas Beruhigendes. Sie kennen weder Emotionen noch Konflikte.*

Sigmund Freud

Freude am Schauen und Begreifen ist die schönste Gabe der Natur. 18

Albert Einstein

19 *Es liegt aber das Glück nicht in den Dingen, sondern in der Art und Weise, wie sie zu unseren Augen, zu unseren Herzen stimmen.*

Jeremias Gotthelf

Ein heiterer Tag ist ein grauer, wenn wir ihn ungerührt betrachten. 20

Johann Wolfgang von Goethe

21 *Auch die Natur vermag uns nichts zu geben, als was wir ihr selber entgegenbringen.*

Theodor Storm

Nur dem Fröhlichen blüht der Baum des Lebens.

Ernst Moritz Arndt

22

23

Sei ein Busch, wenn du kein Baum sein kannst. Wenn du kein Busch sein kannst, sei ein Büschel Gras und steh heiter am Straßenrand.

Douglas Malloch

24

Wir haben es in der Hand, unser Temperament wie einen Garten auszubilden.

Friedrich Nietzsche

25

Umstände und Situationen verleihen dem Leben Farbe, aber euch wurde der Geist gegeben, die Farbe auszuwählen.

John Homer Miller

Man muß in der Seele wie bei den Farben auf einem Gemälde das Heitere und Leuchtende in den Vordergrund stellen.

Plutarch

26

27

Die Fähigkeit, glücklich zu leben, kommt aus einer Kraft, die der Seele innewohnt.

Marc Aurel

28

Glaube an alles, was du tust. Nur dem Menschen, der an sich glaubt, öffnen sich die Türen aller Welten.

Yesudian

29

Wenn wir gutes Ackerland wären, dürften wir nichts unbenützt umkommen lassen und in jedem Dinge, Ereignisse und Menschen willkommenen Dünger, Regen oder Sonnenschein sehen.

Friedrich Nietzsche

30

Jeder ist eine Blüte.

Kristiane Allert

Mai

1 *Jede unserer Erkenntnisse beginnt bei den Gefühlen.*

Leonardo da Vinci

2 *Gefühle sind Wege und Pfade, die vom Herzen ausgehen.*

Chu Hsi

3 *Im Herzen eines Menschen liegen der Anfang und das Ende aller Dinge.*

Leo Tolstoi

Das Herz ist der Schlüssel der Welt und des Lebens.

Novalis 4

5 *Wer aus innerstem Herzen etwas tut, wie es ihm die Stimme des Herzens andeutet, wird sich nicht weit vom rechten Weg entfernen.*

Buch der Sitten

Wohin du auch gehst,
geh mit deinem ganzen Herzen.

Konfuzius 6

7

*In einem Zwiespalt zwischen
Herzem und Verstand,
folge dem Herzen.*

Swami Vivekânanda

8

*Es gibt etwas Weiseres in uns,
als der Kopf ist.*

Arthur Schopenhauer

9

Was wir empfinden,
ist viel wichtiger,
als was wir wissen.

George Moore

10

Der Verstand würde es nicht lange vermögen, die Rolle des Herzens zu spielen.

François de La Rochefoucauld

11

Das Herz hat seine eigenen Gründe,
die der Verstand nicht begreift.

Blaise Pascal

12

Der Verstand sucht,
doch das Herz findet.

Georges Sand

13

Nicht zu verachten ist das Leben, wenn du einen Menschen in der Welt findest, der dich versteht.

Tchen Chou

14

Jeder Weg trifft irgendwo auf einen anderen Weg.

Afrikanische Weisheit

15

Jedes Geschöpf ist mit einem anderen verbunden, und jedes Wesen wird durch ein anderes gehalten.

Hildegard von Bingen

16

*Vieles kann der
Mensch entbehren,
nur den Menschen nicht.*

Ludwig Börne

17 *Du lebst nicht für dich allein auf Erden.*

Johann Heinrich Pestalozzi

Nichts im Leben ist so notwendig wie die Freundschaft.

Aristoteles 18

19

Wer ohne Freund ist, geht wie ein Fremdling über die Erde, der zu niemandem gehört.

Heinrich Zschokke

❧

Alle Schätze dieser Erde wiegen einen guten Freund nicht auf.

Voltaire

20

21

Von allen Gaben, die uns ein weises Schicksal schenkt, um das Dasein vollkommen glücklich zu gestalten, ist Freundschaft die schönste.

Epikur

Freundschaft gleicht einer Rose: Sie verleiht allem ihren Duft.

Oliver Wendell Holmes

22

23

Liebe und Freundschaft sind wie ein Echo: Sie geben so viel zurück, wie sie erhalten.

Alexander Herzen

24

Ein freudiges Herz ist das unvermeidliche Ergebnis eines Herzens, das von Liebe brennt.

Mutter Teresa

25

Die Menschen lieben zu lernen, ist das einzig wirkliche Glück.

Platon

Die größte und einzige Aufgabe ist es, das Leben glücklich zu gestalten.

Voltaire

26

27

Wir sollten durch unser Leben die Erde zum Himmel machen.

Johannes Chrysostomos

28

Wenn wir unsere Herzen voll entfalten, werden wir dem Himmel gleich.

Lu Dschju-yüen

29

Jeder geliebte Gegenstand ist der Mittelpunkt eines Paradieses.

Novalis

In jedem Erlebnis einer Freude öffnet sich uns ein neuer Zugang zum Sinn der Welt.

Hans Margolius

30

31

Bewahren wir unser Herz, dann ist der Atem ständig frisch – nicht nur an einem friedlichen Morgen.

Chu Hsi

Juni

1 *Jeder hat sein eigenes Glück unter den Händen wie der Künstler eine rohe Materie, die er zu einer Gestalt umbilden will.*

Johann Wolfgang von Goethe

Diejenigen, die in dieser Welt ihren Weg machen, sind die, die sich erheben und Ausschau halten nach den Verhältnissen, die sie benötigen. Und wenn sie sie nicht finden, stellen sie diese eben her. 2

George Bernard Shaw

3 *Das Wasser bahnt sich seinen Weg gemäß der Beschaffenheit des Grundes.*

Sun Dsi

Die Klugen bahnen sich eigene Wege; sie kennen versteckte neue Bahnen und gehen da, wo noch niemand gewesen ist. 4

Charles de Montesquieu

5 *Ein Kluger wird sich*
mehr Gelegenheiten schaffen,
als sich ihm bieten.

Francis Bacon

Gelegenheit gibt es überall.
Man muß sie nur erkennen.

Charles Clore 6

7

Sich auf die Zehen zu stellen
und in die Ferne zu starren,
ist weniger sinnvoll, als eine Höhe
zu erklimmen und den Blick
ringsum schweifen zu lassen.

Hsün Dsi

Wollt ihr hoch hinaus,
so braucht die eigenen Beine!

Friedrich Nietzsche

8

9

Man kann nicht bergauf kommen, ohne bergan zu gehen. Und obwohl Steigen beschwerlich ist, so kommt man doch dem Gipfel näher, und mit jedem Schritt wird die Aussicht umher freier und schöner!

Matthias Claudius

10

Es ist gut, nicht alle Wege geebnet zu bekommen.

Alain

11

Wenn du einen Weg ohne Hindernisse findest, führt er wahrscheinlich nach Nirgendwo.

Robert Boyle

12

Wer ein Ziel will,
darf den Weg nicht scheuen,
er sei glatt oder rauh.

Theodor Fontane

13

Wo ich durch muß,
ist nicht wichtig, wichtig ist,
wohin ich gehe.

André Gide

Wollen heißt den Mut haben,
sich einer Unannehmlichkeit
auszusetzen.

Stendhal

14

15 *Das Wollen richtet sich auf das Ziel, die Entscheidung aber darauf, was zum Ziel führt.*

Thomas von Aquin

16 *Besser unvollkommene Entschlüsse treffen, als ständig nach vollkommenen suchen. Die gibt es nicht.*

Charles de Gaulle

17

*Manch einer hat seinen Erfolg
den Ratschlägen zu verdanken,
denen er nicht folgte.*

Bertrand Earl Russell

*Wegweiser können eine Straße
in ein Labyrinth verwandeln.*

Stanislaw Jerzy Lec

18

19

Aber wenn du etwas Mögliches anstrebst, kannst du es erreichen.

Epiktet

20

Unter Verzicht auf das Unmögliche oder Schwierige wollen wir nach dem Naheliegenden trachten, das unseren Hoffnungen entgegenkommt.

Seneca

21

Dank der glückseligen Natur, daß sie das Notwendige leicht erreichbar und das schwer Erreichbare nicht notwendig gemacht hat!

Epikur

Kein Ziel ist aufgestellt, damit man es verfehlt.

Epiktet

22

23

Wir sollten das abschätzen, was wir in Angriff nehmen, und unsere Kräfte an den Aufgaben messen, denen wir uns stellen wollen.

Seneca

24

Der Kluge schätzt die Länge des Weges ab, bevor er sich eine Last auflädt.

Deng Hsi Dsi

25 *Es ist besser, mit drei Sprüngen ans Ziel zu kommen, als sich mit einem das Bein zu brechen.*

Michail Fokin

Das beste Tun ist das, welches am wenigsten krampfhafte Anstrengung verlangt.

Michel de Montaigne

26

27 *Der Mann, der den Berg abtrug, war derselbe, der angefangen hatte, kleine Steine wegzuräumen.*

Chinesische Weisheit

Erfolg kommt mit „ich kann“ und nicht durch „ich kann nicht“. 28

Henry Brooks Adams

29

Schreitet man zuversichtlich in Richtung seiner Träume, wird man einen Erfolg erfahren, der in gewöhnlichen Stunden unvorstellbar war.

Henry David Thoreau

Unsere Sehnsüchte sind unsere Möglichkeiten.

Robert Browning

30

Juli

1 *Der Weg zur Ruhe geht durch das Gebiet der allumfassenden Tätigkeit.*

Novalis

Auch die Ruhe muß ihre Dinge haben: Erst dadurch erlangt man sie. 2

Chu Hsi

3

Der größte Sinnengenuß, der gar keine Beimischung von Ekel bei sich führt, ist Ruhe nach der Arbeit.

Immanuel Kant

4

Man sollte sich Entspannung gönnen; leistungsfähiger und lebhafter werden wir uns nach einer Ruhepause erheben.

Seneca

5

Ausruhen ist eine Bereitstellung ungenutzter Kräfte.

Drupka Rinpoche

Arbeit um der Arbeit willen ist gegen die Natur.

John Locke

6

7 *Befreien muß man sich aus dem Gefängnis der Geschäfte und Politik.*

Epikur

Wenn du dein Leben lang einsammelst, wann willst du das Gesammelte genießen? 8

Arabische Weisheit

9

Man kann das Leben nicht wiederholen wie einen Zug beim Brettspiel.

Antiphones

Ich bin immer, auch im Leben, für Ruhepunkte; Parks ohne Bänke können mir gestohlen bleiben.

Theodor Fontane

10

11

Kommt mit an einen einsamen Ort, wo wir allein sind, und ruht ein wenig aus.

Markus 6, 31

12

Ruhigsein – dem Fluß des Bewegten die rechte Richtung geben.

Han Fe Dsi

13 *Ohne innere Ruhe wallt der Mensch auf wilden Wegen.*

Johann Heinrich Pestalozzi

Das höchste Gut sei die seelische Harmonie mit sich selbst.

Seneca

14

15

*Für keinen ist es zu früh
oder zu spät, für die Gesundheit
der Seele zu sorgen.*

Epikur

16

*Wenn du zwei Pfennige hast,
kaufe dir für einen Pfennig Brot,
für den anderen aber Hyazinthen
für deine Seele.*

Japanische Weisheit

17 *Man muß den Blumen, Gräsern und Schmetterlingen auch noch so nahe sein wie ein Kind, das nicht über sie hinwegreicht.*

Friedrich Nietzsche

In der Natur durchströmt den Menschen trotz all seiner Sorgen wunderliches Wohlbehagen. 18

Ralph Waldo Emerson

19

Erreichen wir innere Ausgeglichenheit, haben Himmel und Erde für uns ihren festen Platz, und alle Dinge werden uns lebendig.

Buch der Sitten

Denn von den Gedanken nimmt die Seele ihre Farbe an.

Marc Aurel

20

21 *Wer ausgeglichen ist, hat heitere Gedanken: Ausgeglichenheit ist die Wurzel inneren Heiterseins.*

Chu Hsi

Es ist sehr leicht, am Anfang des Sommers lustig zu sein.

Franz Kafka 22

23 *Während ich mich an einem schwülen Tag auf den trägen Wassern des Sees treiben lasse, höre ich fast auf zu leben und fange an zu sein.*

Henry David Thoreau

Tun wir doch einmal nichts und seien nur, was wir sind!

Johannes Müller 24

25

*Der ist kein freier Mensch,
der sich nicht auch einmal dem
Nichtstun hingeben kann.*

Marcus Tullius Cicero

*Denn die freie Muße
eines jeden ist so viel wert,
wie er selbst wert ist.*

Arthur Schopenhauer

26

27

Halte ein, wenn es
Zeit ist innezuhalten!

Buddhistische Lebensweisung

28

Ich bin der Ansicht,
daß wirkliches Glück
ohne Müßiggang nicht
möglich ist.

Anton Tschechow

29

Es gibt so etwas wie heilige Faulheit, deren Kultivierung man heute ängstlich ablehnt.

George MacDonald

Müßiggang ist aller Laster Anfang, aller Tugenden Krönung.

Franz Kafka

30

31

Woher weißt du, daß deine Lebendigkeit vor dir herläuft und du dich beeilen mußt? Vielleicht ist sie hinter dir und du brauchst nur innezuhalten.

Ben Meir

August

1

Geh aus, mein Herz,
und suche Freud in dieser
lieben Sommerzeit.

Paul Gerhardt

2

Was bewegt dich, deine Wohnung
in der Stadt zu verlassen und
über Berg und Tal aufs Land zu
wandern, wenn nicht die Schönheit
der Welt, die du nur im Sehen
genießen kannst?

Leonardo da Vinci

3 *Ich liebe schöne Landschaften.
Sie machen zuweilen auf meine
Seele den gleichen Eindruck
wie der Bogen eines Künstlers
auf einer klangvollen Geige.*
Stendhal

*Je mehr jemand die Welt liebt,
desto schöner wird er sie finden.*
Christian Morgenstern 4

5 *Was ich am liebsten tue:*
irgendwo hinfahren,
wo ich noch nie gewesen bin.

Diane Arbus

Die Welt ist ein Buch. Wer nie
reist, sieht nur eine Seite davon. 6

Augustinus

7

In der Fremde erfährt man mehr als zu Hause.

Tansanische Weisheit

8

Reisen veredelt den Geist und räumt mit unseren Vorurteilen auf.

Oscar Wilde

9

*Es ist gut, daß am Ende
einer Reise ein Ziel steht,
aber am Ende kommt es
nur auf die Reise an.*

Ursula LeGuin

*Nur aufs Ziel zu sehen,
verdirbt dir die Lust am Reisen.*

Friedrich Rückert

10

11

Unser Ziel ist zugleich der Weg zum Ziele, während wir es darüber hinaus suchen und an ihm achtlos vorübergehen.

Elisabeth von Österreich

12

Der Weg ist immer mehr als das Ziel.

Heimito von Doderer

13

Gegen Ziele ist nichts einzuwenden, sofern man sich nicht dadurch von interessanten Umwegen abhalten läßt.

Mark Twain

14

Der Narr sucht das Glück in der Ferne, dem Weisen wächst es unter den Fußsohlen.

James Oppenheimer

15

Je schneller wir fahren, desto geringer ist der seelisch-geistige Genuß der Reise.

Max Piperek

16

Für meinen Geschmack besteht Reisen darin, alle zwei Meter stehenzubleiben und dieselben Dinge unter einem neuen Blickwinkel zu betrachten.

Alain

17

Nirgends strapaziert sich der Mensch so sehr wie bei der Jagd nach Erholung.

Laurence Sterne

18

Viele möchten in einem Tag verschlingen, was sie kaum im ganzen Leben verdauen können.

Baltasar Gracián

19 *Was nützt es dem Menschen, wenn er schnell vorankommt, seine Seele aber auf der Strecke bleibt?*

Petrus Ceelen

20 *Den Druck mußt du loswerden, der auf dir lastet: Eher wird es dir an keinem Platz auf der Welt gefallen.*

Seneca

21

Wenn ich von Wasserfall zu Wasserfall eile, finde ich stets denselben Wasserfall. Wenn ich ihn aber Felsblock für Felsblock abschreite, wird derselbe Wasserfall mit jedem Schritt anders.

Alain

22

Wer sich früh Zeit läßt, ist am Abend am weitesten.

Johannes Müller

23

*Es gibt Wichtigeres
im Leben, als nur sein
Tempo zu beschleunigen.*

Mahatma Gandhi

24

*Haben wir uns einmal
klargemacht, daß Gott uns
nie zur gleichen Zeit an
zwei Orten haben will,
dann brauchen wir uns
nicht mehr zu hetzen.*

Theodor Bovet

25

Wer überall sein will,
ist nirgends zu Hause.

Seneca

Wohin werden wir dann
reisen, wenn wir überall
hinreisen können?

Alexander von Villers

26

27

Unnötig ist es, die Muscheln des fernsten Meeres an unbekannter Küste auszugraben.

Seneca

28

Laßt uns durch die Welt gehen, ohne uns ihre Wege anzueignen.

Henry David Thoreau

29 Reise mit leichtem Gepäck durchs Leben, nimm nur mit, was du unbedingt brauchst.

Jerôme Klapka

Wer freien Geistes das Leben zu durchwandern versteht, wie sollte er nicht überall freien Geistes wandern können?

Dschuang Dsi 30

31

Und das befreiende Gefühl, das von Reisen ausgeht? Das erlebe ich, wenn ich von Lissabon in die Vorstadt fahre, und weit intensiver als einer, der nach China fährt, denn ist die Befreiung nicht in mir, ist sie nirgends.

Fernando Pessoa

September

1 *Was wir getan haben, geht nicht zugrunde in aller Ewigkeit. Alles reift zu seiner Zeit und wird Frucht zu seiner Stunde.*

Divyavydana

Jedes vorzeitige Enthüllen bringt etwas Unreifes zutage.

Johannes Müller 2

3 *Es ist ein Zeichen von Unreife, wenn man glaubt, alles zu wissen.*

Henry de Montherland

Der schlimmste aller Fehler ist, sich keines solchen bewußt zu sein.

Thomas Carlyle 4

5 *Man muß auch alle möglichen Fehler machen, um sein Möglichstes getan zu haben.*

Elazar Benyoëtz

Selbst das Stolpern über einen Stein ist der Anfang einer Verbindung.

Japanische Weisheit

6

7 *Auch ist Suchen und Irren gut,*
denn durch Suchen und Irren lernt man.

Johann Wolfgang von Goethe

Ich bin nicht entmutigt, weil jeder
als falsch verworfene Versuch ein
weiterer Schritt nach vorn ist. 8

Thomas Alva Edison

9

Ein Rückschlag ist die Möglichkeit, etwas noch einmal neu und klüger anzufangen.

Henry Ford

10

Ein anderer Weg bedeutet einen Neubeginn, ohne Gepäck, mit neuen Aussichten und neuen Erwartungen.

Paul Wilson

11

Oft finden wir etwas ganz anderes,
ja Besseres, als wir suchten,
oft auch das Gesuchte selbst auf
einem ganz andern Wege,
als den wir zuerst vergeblich
danach eingeschlagen hatten.

Arthur Schopenhauer

12

Ich möchte gar kein
Meister sein, denn das hieße,
ans Ende zu kommen,
wo doch der Weg so schön ist.

Charles Villers

13

Gewiß kein Freund der Gärtnerei wäre zufrieden, wenn auf einmal alles reif gewachsen da stände und er nichts zu tun hätte als zu pflücken.

Jean Paul

14

Wir empfangen die Weisheit nicht. Wir müssen sie für uns selbst entdecken im Verlauf einer Reise, die niemand für uns unternehmen oder uns ersparen kann.

Marcel Proust

15

So kann es nicht schaden,
einmal umzusteigen.
Wohin ist gleich,
das wird sich schon zeigen.

Erich Kästner

16

Auf dem richtigen Weg
wird die natürliche
Veranlagung Weisheit.

Zen-Weisheit

17 *Indem wir weiser werden, lernen wir unversehens, auf manches Glück zu verzichten, das sich nicht mehr bis zu uns erhebt.*

Maurice Maeterlinck

Einfachheit ist das Resultat der Reife.

Friedrich Schiller

18

19

Stellen Sie fest, was Ihnen am wichtigsten ist, und sagen Sie zu allem anderen nein!

Elaine St. James

20

Wer hat, was ihn ausfüllt,
der sei damit zufrieden;
wer sich selbst gehören kann,
soll sich nicht veräußern.

Juan Ruiz de Alcarón y Mendoza

21

Zum Glück gehört,
daß man irgendwann beschließt,
zufrieden zu sein.

Klaus Löwitsch

Zurückkehren zu seiner eigenen Wesenheit ist nichts anderes als ein in sich selbst ruhendes, selbständiges Sein besitzen.

Thomas von Aquin

22

23

Das Glück beruht darin,
daß man da steht,
wo man seiner Natur
nach hingehört.

Theodor Fontane

Die wahre Vollendung des
Menschen liegt nicht in dem,
was er besitzt, sondern in dem,
was er ist.

24

Oscar Wilde

25

Sei mit Entschlossenheit und Treue, was du bist: Sei mit aller Demut, wonach du strebst.

Henry David Thoreau

Lerne zu werden, der du bist!

Pindar

26

27

*Der Mensch muß lernen,
den Lichtstrahl aufzufangen
und zu verfolgen, der in seinem
Inneren aufblitzt.*

Ralph Waldo Emerson

*Ich habe nur ein Licht, das
mir den Weg weist, und das
ist das Licht der Erfahrung.*

Patrick Henry

28

29

Die Vergangenheit sollten wir als Sprungbrett benutzen, nicht als Sofa.

Harold MacMillan

30

Der entscheidende Schritt im Leben eines Menschen ist der Sprung über den eigenen Schatten.

Ernst Ferstl

Oktober

1 *Wieviel geht nicht vielen auf so langem Weg verloren: Gesundheit, Kräfte, selbst Neigung und Fähigkeit, Einfaches zu genießen.*

Alexander von Villers

Groß ist, wer das Herz seiner Kindheit nicht verliert.

Mencius 2

3 *Die Weisheit führt uns zur Kindheit zurück.*

Blaise Pascal

So viel sich auch um und in mir ändre: Dieselbe Sonne, die mich als Kind bestrahlte, sieht unverändert mich jetzt an. 4

Jean Paul

5

*Wer sich selbst gefunden hat,
der kann nichts auf dieser Welt
mehr verlieren.*

Stefan Zweig

6

*Wie sollten die Wechselfälle des
Lebens noch Verwirrung stiften,
wenn man voll innerer Sicherheit
gegenüber allen Unsicherheiten ist?*

Seneca

7 *Jetzt, da das Alter kommt, muß ich vom Wein lernen, mit den Jahren besser zu werden, um vor allem der Gefahr zu entgehen, Essig zu werden.*

Dom Helder Camara

Wer nicht den Geist seines Alters hat, empfängt nur des Alters Mißgeschick. 8

Voltaire

9

Das entzückende Gefühl des richtigen Alters: „Wenn ich den Krempel um mich her anschaue und sagen kann, das brauchst du ja nicht mehr!“

Wilhelm Raabe

Das Aussortieren des Unwesentlichen ist der Kern aller Lebensweisheit.

Laotse

10

11

Am reichsten sind die Menschen,
die auf das meiste verzichten können.

Rabindranath Tagore

12

Aller Reichtum gehört dem zufriedenen Geist. Ist nicht jenem die ganze Erde mit Leder bedeckt, dessen Füße in Schuhen stecken?

Hinduistische Weisheit

13

Glück ist kein Besitz,
dessen man sich rühmen kann,
sondern ein Gedankengut,
eine Art Geisteszustand.

Daphne du Maurier

14

Man sollte nicht sprechen
von der Kunst, glücklich zu sein,
sondern von der Kunst,
sich glücklich zu fühlen.

Marie von Ebner-Eschenbach

15

Im Leben verdankt man viel Glück und Unglück dem Zufall; aber der innere Frieden hängt nie vom Zufall ab.

Maurice Maeterlinck

Laßt uns das Alter mit Liebe umfassen.

Seneca

16

17 *Die Klugen lassen vergangene Freuden in der Erinnerung wieder aufleben.*

Plutarch

Für angenehme Erinnerungen muß man immer schon im voraus sorgen. 18

Paul Hörbiger

19 *Eine glückliche Erinnerung ist vielleicht auf Erden wahrer als das Glück.*

Alfred de Musset

Der ist der glücklichste Mensch, der das Ende seines Lebens mit dem Anfang in Verbindung setzen kann. 20

Johann Wolfgang von Goethe

21

Das Frische und Lebhafte der Erinnerung aus fernster Zeit, aus der ersten Kindheit zeugt davon, daß etwas in uns nicht altert, sondern unverändert beharrt.

Arthur Schopenhauer

Erinnerung ist sowohl Ursprung als auch Ziel.

Margarete Mitscherlich

22

23

Aus der Erinnerung
entsteht nämlich Erfahrung.

Aristoteles

24

Erfahrung ist nicht das,
was einem zustößt.
Erfahrung ist das,
was man aus dem macht,
was einem zustößt.

Aldous Huxley

25

Die Kunst der Lebensführung besteht bekanntlich darin, mit gerade so viel Dampf zu fahren, wie gerade da ist.

Theodor Fontane

26

Wenn ein welkes Blatt Glück hat, fliegt es höher als ein Adler.

Gerhart Hauptmann

27 *Das Leben mit seinen verschiedenen Epochen ist eine Schatzkammer. Wir werden reich in jedem Gewölbe beschenkt; wie reich, das erkennen wir erst bei dem Eintritt in das nächste Gewölbe.*

Friedrich Hebbel

28 *Unsere Leben sind Ströme, die sich ins Meer ergießen.*

Jorge Manrique

29

Mag sein, wir stehn
an unseres Lebens Ende
noch unterm Ziel –
genug, der Weg ist klar!

Christian Morgenstern

Man beginnt immer deutlicher
zu erkennen: Das Leben
ist nur eine Zeit der Aussaat,
und die Ernte ist nicht hier.

Vincent van Gogh

30

31

*Aber den Schritt der Zeit,
nehmt ihn als Kleinigkeit
im immer Bleibenden.*

Rainer Maria Rilke

November

1

*Wer den Tod fürchtet,
hat das Leben verloren.*

Johann Gottfried Seume

*Wie kurz ist das Leben,
und warum wollen wir es
mit unseren Beängstigungen
noch mehr verkürzen?*

Ludwig Tieck

2

3 *Stelle dich dir nicht selbst in
den Weg, indem du deinen Blicken
Richtung in die Tiefe gibst.*

Bo Yin Ra

*Und wenn du lange in einen
Abgrund blickst, blickt der
Abgrund auch in dich hinein.* 4

Friedrich Nietzsche

5 *Wer sich von der Trauer beherrschen läßt, der getraut sich bald nicht mehr zu lachen, das Tageslicht zu genießen oder an geselligen Mahlen teilzunehmen.*

Plutarch

Wir sollten nicht mehr über unvermeidlichen Leiden und Nöten brüten, sondern uns dazu erziehen, lieber bei den angenehmen Dingen zu verweilen. 6

William McDougall

7

Es ist gut manchmal, die Sorgen so zu behandeln, als ob sie nicht da wären; das einzige Mittel, ihnen ihre Wichtigkeit zu nehmen!

Rainer Maria Rilke

8

Man muß freie, einfache Gedanken des Lichtes täglich wiederholen, wie die Sonne täglich aufgeht und die Nacht verscheucht.

Berthold Auerbach

9

Nichts von dem, was wir so bitter ernst nehmen, ist schwerwiegend, nichts bedeutend!

Seneca

10

Im Leben geht es nicht nur darum, gute Karten zu haben, sondern auch darum, mit einem schlechten Blatt gut zu spielen.

Robert Louis Stevenson

11

Sag nicht, ein Paß sei unüberwindlich. Steig hinauf und du überschreitest ihn.

Nepalesische Weisheit

12

Bei den meisten Widrigkeiten kommt es darauf an, daß man sich zu helfen weiß. Dann fügen sich die meisten in den Plan eines glücklichen Lebens ein.

Charles de Montesquieu

13 *Krise ist ein produktiver Zustand. Man muß ihr nur den Beigeschmack von Katastrophe nehmen.*

Max Frisch

Der Weg durch die Wüste ist kein Umweg.

Friedrich Schwaneke

14

15

Jede Krise hat nicht nur ihre Gefahren, sondern auch ihre Möglichkeiten.

Martin Luther King

Aus Krisen erwachsen auch immer neue Kräfte.

Rita Süssmuth

16

17

Der Mensch liebt es, nur sein Unglück zu beachten, sein Glück aber zu übersehen. Würde er aber richtig sehen, so würde er erkennen, daß ihm beides beschert ist.

Fjodor M. Dostojewski

18

Kunst aber ist, im Unglück noch eine Spur neuen Glücks zu wittern.

Carl Peter Fröhlich

19 *Fürchte die Schatten nicht. Sie bedeuten lediglich, daß in der Nähe irgendwo ein Licht brennt.*

Ruth E. Renkel

Wanderer, tritt still herein:
Schmerz versteinerte die Schwelle.
Da erglänzt in reiner Helle
auf dem Tische Brot und Wein. 20

Georg Trakl

21

Das Schicksal geht mit uns um wie mit Pflanzen: Es macht uns durch kurze Fröste reifer.

Jean Paul

22

Manchmal lehrt mich die schlechte Seite des Lebens mehr Weisheit als die gute.

Weisheit der Sioux

23

Die Erfahrung ist nicht das Schlechteste, was düstere Stunden schenken.

Guy de Maupassant

24

Ich habe Leid und Verzweiflung erfahren und den Tod kennengelernt, und ich freue mich, in dieser großen Welt zu sein.

Rabindranath Tagore

25

Zur Summe meines Lebens gehört übrigens, daß es Ausweglosigkeit nicht gibt.

Willy Brandt

26

Sagen Sie Ja zum Besten und Stärksten in Ihnen! Dann geht es schon weiter.

Hermann Hesse

27

Der Mensch kann nicht leben ohne ein dauerndes Vertrauen zu etwas Unzerstörbarem in sich.

Franz Kafka

Ein schweres Leben wird erträglich, sobald man ein Ziel hat.

Fridtjof Nansen

28

29

Solange man lebt,
ist nichts endgültig.

Arnold Zweig

In dem ewgen Kommen, Schwinden
Wie der Schmerz liegt auch das Glück,
Und auch heitre Bilder finden
Ihren Weg zu dir zurück.

Theodor Fontane

30

Dezember

1 *Das Leben ist eine reine Flamme,
und wir leben mit einer unsichtbaren
Sonne in uns.*

Thomas Brown

*Wo Licht im Menschen ist,
scheint es aus ihm heraus.*

Albert Schweitzer 2

3

Zünde die Lampe der Liebe an mit deinem Leben.

Rabindranath Tagore

4

Liebe ist: Leuchten mit unerschöpflichem Öle.

Rainer Maria Rilke

5 *Man soll über die Liebe nicht sprechen, sondern aus Liebe handeln, in Liebe leben.*

Ramakrishna

Die Wurzel der Liebe soll das Innerste deines Herzens sein: Aus dieser Wurzel kann nichts als Gutes hervorkommen. 6

Augustinus

7

Man muß lieben lernen,
gütig sein lernen,
und dies von Jugend auf.

Friedrich Nietzsche

8

Das Leben fördern ist Güte,
ist Liebe, ist Barmherzigkeit,
ist des Menschen Wesen,
ist Sinn aller Gefühle.

Li Gung

9

*Und das Allerwichtigste:
Gutes tun, weil nur dafür der
Mensch ins Leben gesandt ist.*

Leo Tolstoi

10

*Jeder Mensch hat ein Dasein, an
dem Anteil zu nehmen sich lohnt.*

Arthur Miller

11

Für den anderen mußt du leben,
wenn du für dich sinnvoll leben willst.

Seneca

❧

Jeder muß dem anderen helfen.
Das ist die einzige Freiheit,
die wir haben.

Yehudi Menuhin

12

13

Die bedeutsamste Strecke, die du in deinem Leben zurücklegen kannst, ist die, den Menschen auf halbem Wege zu begegnen.

Henry Boyce

14

Sein Glück darin finden, für das Glück anderer zu sorgen! Wer diesen Egoismus hat, für den ist es keine Kunst, glücklich zu sein.

Gustav Freytag

15

Jedes Selbstlossein, jeder Verzicht aus Liebe, jedes tätige Mitleid, jede Selbstentäußerung scheint ein Weggeben, ein Sichberauben, und ist doch ein Reicherwerden und Größerwerden, und ist doch der einzige Weg, der vorwärts und aufwärts geht.

Hermann Hesse

Geben ist Gabe
und Aufgabe zugleich.

Hans Küng

16

17

Was zählt, ist nicht die Gabe selbst, sondern die Liebe, mit der du sie gibst.

Mutter Teresa

18

Man kann einem auch sehr wenig geben und sein Herz erfreuen, so als ob man jemandem Flügel an die Arme heftet.

Stefan Kardinal Wyszynski

19

Was du für dich behältst,
wirst du verlieren, was du fortgibst,
ist dein für immer.

Axel Munthe

20

Das Beste am Geben ist immer,
daß was wir bekommen,
besser ist, als was wir geben.

Orison Swett Marden

Dezember

21

*Nicht wer viel besitzt ist reich,
sondern wer viel gibt.*

Erich Fromm

22

Immer wird uns das Vertrauen eines der schönsten, größten und beglückendsten Geschenke menschlichen Zusammenlebens bleiben.

Dietrich Bonhoeffer

23

Mache, daß ich danach trachte zu trösten, statt getröstet zu werden, zu verstehen, statt verstanden zu werden, zu lieben, statt geliebt zu werden. Denn wir können nur empfangen, wenn wir geben.

Franz von Assisi

Geh! Du bist geführt.

Werner Bergengruen

24

25 *Denn der Herr hat seinen Engeln befohlen, daß sie dich behüten auf allen deinen Wegen.*

Psalm 91

Wo Gottes Geist am Werk ist, da führt er nicht in die Enge, sondern in die Weite, nicht in die Angst, sondern zum kindlichen Vertrauen auf den Vater. 26

Hans Wilhelm Ermen

27

*Was hinter uns liegt
und was vor uns liegt,
sind Kleinigkeiten,
verglichen mit dem,
was in uns ist.*

Ralph Waldo Emerson

28

*Die Zukunft gehört denen,
die an die Schönheit ihrer
Träume glauben.*

Eleanor Roosevelt

Dezember

29

Die Vergangenheit ist nur der Anfang eines Anfangs.

Herbert George Wells

30

Nicht jedes Ende ist das Ziel.

Friedrich Nietzsche

31

Dem Vergangenen DANKE,
dem Kommenden JA!

Dag Hammarskjöld

Worte, die Leben verändern – Wegbegleiter durch die Zeit:

Phil Bosmans
Worte zum Menschsein
ISBN 3-451-27039-0

Gautama Buddha
Worte lebendiger Stille
ISBN 3-451-26926-0

Dalai Lama
Worte der Hinwendung
ISBN 3-451-26927-9

Eugen Drewermann
Worte für ein unentdecktes Land
ISBN 3-451-27034-X

Theodor Fontane
Worte, die von Herzen kommen
ISBN 3-451-27037-4

Erich Fromm
Worte wie Wege
ISBN 3-451-27042-0

Mahatma Gandhi
Worte des Friedens
ISBN 3-451-27036-6

Khalil Gibran
Worte wie die Morgenröte
ISBN 3-451-26928-7

Thich Nhat Hanh
Worte der Achtsamkeit
ISBN 3-451-27040-4

Hermann Hesse
Worte des Zauberers
ISBN 3-451-27038-2

C. G. Jung
Worte der Seele
ISBN 3-451-27221-0

Anne Morrow Lindbergh
Worte wie Muscheln
ISBN 3-451-26929-5

Christian Morgenstern
Worte des Lächelns
ISBN 3-451-27222-9

Norman Vincent Peale
Worte positiver Kraft
ISBN 3-451-26930-9

Rainer Maria Rilke
Worte, die verwandeln
ISBN 3-451-26931-7

Antoine de Saint-Exupéry
Worte wie Sterne
ISBN 3-451-26932-5

Albert Schweitzer
Worte über das Leben
ISBN 3-451-27035-8

Weisheit der Indianer
Worte wie Spuren
ISBN 3-451-26933-3

Positiv den Tag beginnen:

Fabian Bergmann (Hrsg.)
Heute das Leben genießen
366 positive Gedanken
ISBN 3-451-27505-8

Fabian Bergmann (Hrsg.)
Heute gelassen sein
366 positive Gedanken
ISBN 3-451-27223-7

Fabian Bergmann (Hrsg.)
Heute glücklich sein
366 positive Gedanken
ISBN 3-451-26943-0

Fabian Bergmann (Hrsg.)
Heute optimistisch sein
366 positive Gedanken
ISBN 3-451-27804-9

Thich Nhat Hanh
Heute achtsam leben
366 inspirierende Gedanken
ISBN 3-451-27163-X